3
9
d
p

La bioéthique

Mon corps est-il à moi ?

Le 20 novembre 1946 s'ouvre l'un des procès qui marquera l'histoire : le procès de Nuremberg. Lors de ce procès, de nombreux responsables du Troisième Reich sont mis à la barre et notamment, le 9 décembre 1946, vingt-trois médecins accusés de crime contre l'humanité après avoir réalisé des expérimentations sur des êtres humains. Les actes infligés dépassent l'entendement et les lois ne sont même pas, à ce moment, en mesure de juger tous leurs crimes. Des questions éthiques se posent alors et seront à l'origine du code de Nuremberg et de l'introduction des lois de bioéthique.

Il s'agit d'un tournant majeur pour le monde scientifique, médical et juridique, car la science, en elle-même, étant dépourvue de morale, il est nécessaire de fixer une limite entre ce qu'il est possible de faire et ce qui doit être fait.

L'ASSISTANCE MÉDICALE À LA PROCRÉATION

Au début du XIXe siècle, les premières inséminations intraconjugales (le donneur est le conjoint de la femme inséminée) ont vu le jour en France. Mais, à ce moment, la question de l'éthique n'est pas encore abordée.

En 1973, la technique de congélation du sperme arrive en France après avoir été testée dans d'autres pays et notamment aux États-Unis. Le code de Nuremberg et la déclaration d'Helsinki font alors écho et l'apparition de CECOS (centres d'étude et de conservation des œufs et du sperme humains) voit le jour.

Ces centres organisent le don de spermatozoïdes selon les règles éthiques d'anonymat et de gratuité. En 1982, naît le premier bébé français, Amandine, née par fécondation *in vitro*. Puis deux ans plus tard, le transfert d'un embryon congelé est une réussite et donne naissance à Zoé.

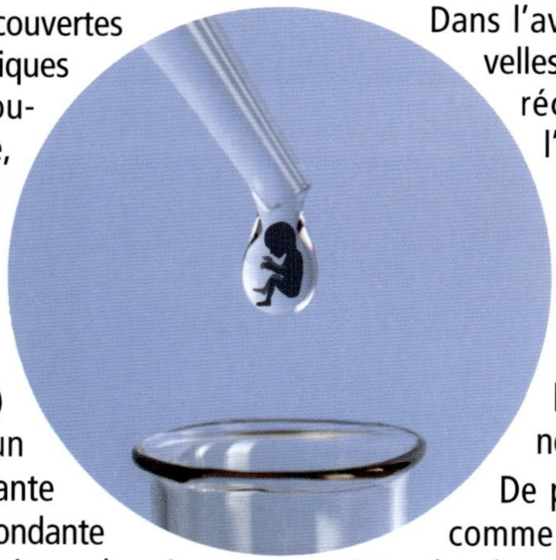

Aux vues de la rapidité des découvertes et du développement des techniques d'assistance médicale, les pouvoirs publics mettent en place, en 1988, des centres agréés et créent la Commission nationale de médecine et de biologie de la reproduction. En 1992, Audrey née grâce à une ICSI (injection intracytoplasmique) qui est l'injection directe d'un spermatozoïde (cellule fécondante mâle) dans l'ovocyte (cellule fécondante femelle). Cette avancée révolutionne la prise en charge de l'infertilité masculine. Ces pratiques ne sont alors réservées qu'aux couples hétérosexuels, mariés, en âge de procréer et pouvant justifier de deux ans de vie commune jusqu'en 2017, date où le CCNE accorde la procréation médicalement assistée aux couples homosexuels et aux femmes célibataires. Mais l'avancée scientifique sur ces techniques amène beaucoup de questions éthiques qui seront traitées et suivies de manière plus ciblée avec la création de l'Agence de la biomédecine. Cette agence travaille sur quatre secteurs de recherche dont l'assistance médicale à la procréation (AMP/PMA), la procréation médicalement assistée (PMA) et la gestation pour autrui (GPA) : ce procédé consiste « à manipuler un ovule et/ou un spermatozoïde pour favoriser l'obtention d'une grossesse. »

Les questions éthiques qui se posent alors :

- L'utilisation et la manipulation du vivant avec la fécondation *in vitro*.
- Le sort des embryons qui seront « en trop » (surnuméraires).
- Dans le cas d'un don anonyme, une partie de la filiation est inconnue de l'enfant.
- Le développement de l'enfant sans le schéma père-mère-enfant.
- L'intervention d'une tierce personne entraînant l'abandon de l'enfant.
- Le risque de marchandisation du vivant ou d'esclavage (avec la GPA).

Dans l'avancée scientifique, trois nouvelles lois bioéthiques ont vu le jour récemment : l'autorisation de l'AMP pour toutes les femmes et les couples non mariés, l'autoconservation des gamètes non soumise à une indication médicale, et l'accès aux informations sur leurs origines à leur majorité pour les personnes nées d'un don.

De plus, des thèmes, déjà votés, comme l'avortement, peuvent aussi être abordés par l'Agence de la bioéthique pour apporter de nouvelles informations et de nouvelles visions. Cela permet d'optimiser la prise en charge des personnes, de la manière la plus éthique possible, en lien avec les progrès réalisés. Par rapport à d'autres pays, la France est un pays qui reste attaché à son histoire et à ses origines. Certaines lois, comme celle du mariage, ont été éditées sur une éthique religieuse et notamment catholique. Lors de débats de bioéthique, ces lois se heurtent parfois aux religions et deviennent difficiles à juger de manière objective : nous avons pu voir ce phénomène lors du débat sur le mariage pour tous (et donc l'accès à la PMA pour tous).

agence de la biomédecine

(France) Agence de la biomédecine : exerce ses missions dans 4 domaines : le prélèvement et la greffe d'organes, de tissus, de cellules, l'assistance médicale à la procréation, l'embryologie et la génétique. L'agence de la biomédecine est l'autorité de référence dans les domaines médicaux, scientifique, juridique et éthique en rendant compte de son activité au Parlement et au gouvernement.

CCNE COMITÉ CONSULTATIF NATIONAL D'ÉTHIQUE POUR LES SCIENCES DE LA VIE ET DE LA SANTÉ

(France) CCNE : le Comité consultatif national d'éthique pour les sciences de la vie et de la santé est un organisme indépendant placé auprès des ministres de la Recherche et de la Santé. Il est chargé « de donner son avis sur les problèmes éthiques soulevés par les progrès de la connaissance dans les domaines de la biologie, de la médecine et de la santé et de publier des recommandations sur ces sujets ». Le CCNE constitue donc un organisme strictement consultatif. Le président est nommé pour deux ans par décret du président de la République et 39 membres sont désignés pour quatre ans :

- 5 personnes sont désignées par le président de la République et appartiennent aux « principales familles philosophiques et spirituelles ».
- 19 personnes sont choisies « en raison de leur compétence et de leur intérêt pour les problèmes d'éthique ».
- 15 personnes « appartiennent au secteur de la recherche » et sont désignées par leurs pairs.

(France) CPP : le Comité de protection des personnes est chargé de vérifier les demandes de recherche biomédicale afin de leur donner un avis favorable sur la validité des conditions de recherche impliquant la personne humaine. La recherche doit assurer la protection des personnes, le bien-fondé et la pertinence du projet ainsi que sa qualité méthodologique.

Des comités locaux ou régionaux peuvent être établis comme les CPS créés par des professionnels de santé, pour échanger sur des pratiques ou des dilemmes éthiques, des CEH établies par des prestataires de soins médicaux (éthique hospitalière) ou des CER (comité d'éthique pour la recherche) pour la recherche biomédicale, comportementale et la recherche sur les animaux.

(Europe) CIE : selon les bonnes pratiques cliniques exercées en recherche clinique, un comité d'éthique indépendant (CEI) doit revoir et approuver toutes les procédures avant le début d'une étude clinique. Ce comité est responsable de la protection des droits, de la sécurité et du bien-être des volontaires participant aux études.

(Europe) Forum européen de bioéthique : c'est un forum permettant de rendre accessible à tous toutes les questions de bioéthique. Des thèmes sont proposés quotidiennement, des experts viennent en discuter et une diffusion en temps réel est disponible sur leur site Internet.

(Europe) Comité international de bioéthique : le Comité international de bioéthique (CIB) encadre « les progrès des recherches dans les sciences de la vie et leurs applications en veillant au respect des principes de dignité et de liberté de la personne humaine. » Le CIB constitue la seule instance de portée mondiale de réflexion en matière de bioéthique : 36 membres sont élus par le directeur pour une durée de quatre ans.

HISTOIRE ET DÉFINITION

Josef Mengele est l'un des médecins nazis les plus connus de la Seconde Guerre mondiale pour ses expériences médicales sur des humains dans les camps de concentration et notamment celui d'Auschwitz. En 1946, le procès de Nuremberg le jugera coupable de nombreux actes criminels, dont celui de crime contre l'humanité.

Ce procès donna alors naissance au code de Nuremberg, adopté en 1947, qui déclare que chaque personne doit donner son consentement à tout acte médical pratiqué sur sa personne : la bioéthique est née.

Il est important de faire la distinction entre trois mots : l'éthique, la morale et la déontologie. Tous sont corrélés, mais n'ont pas le même but :

- **L'éthique** est un ensemble d'interrogations amenant chaque individu à se conduire d'une certaine façon dans le but de faire le bien (valeurs).
- **La morale** est un ensemble de règles de conduite socialement considérées comme bonnes ou mauvaises et qui déterminent les moyens de les atteindre (actions concrètes).
- **La déontologie** est un ensemble de règles de bonne conduite dont une profession se dote pour régir son fonctionnement au regard de sa mission.

La bioéthique définit l'alliance entre l'avancée scientifique, l'éthique et la morale, c'est-à-dire allier la recherche en biologie, en génétique, en médecine tout en respectant la personne humaine.

Le code de Nuremberg

Après les crimes commis par les médecins nazis lors de la Seconde Guerre mondiale, les victimes ainsi que les accusés ont exposé leurs argumentaires lors de leur procès. À ce moment, les juges ont pris conscience de la complexité de l'éthique et de la nécessité de fixer des règles claires en instaurant le code de Nuremberg.

En effet, les médecins ont été reconnus coupables de quatre chefs d'inculpations, mais leurs argumentaires n'en étaient pas moins déroutants. Ils ont mené leur défense sur plusieurs axes et notamment sur celui du devoir en tant que citoyens allemands à cette époque. Ils ont exposé le caractère désintéressé des chercheurs, voulant faire avancer la science pour pouvoir améliorer le sort de l'humanité.

Les détenus des camps, étant considérés comme coupables de crimes, pouvaient alors se « racheter » en faisant don de leur corps à la science pour sauver l'humanité. D'après leur éthique, ils ne désobéissaient à aucun principe moral ni déontologique : « C'est ce qui a conduit à une véritable prise de conscience du ministère public sur les dangers du développement de la recherche médicale et sur la nécessité d'un encadrement strict des expérimentations humaines avec l'élaboration de dix règles qui ont pris par la suite le nom de code de Nuremberg. »

Ce code n'est que le début de nombreux changements juridiques et médicaux : certains points peuvent paraître choquants à l'heure actuelle.

Procès de Nuremberg, novembre 1945.

La problématique qui se pose alors est que cette pratique, étant simple et peu coûteuse grâce à la technique CRISPR-Cas9 (« ciseaux génétiques » permettant de couper et de remplacer des parties du génome), peut aussi créer un marché et amener à « choisir » son enfant. La France a autorisé la modification génétique, et ce en violation du droit international, mais son implantation pour donner naissance à un enfant « modifié » est interdite.

Le clonage humain est aussi une technique interdite dans tous les pays du monde : « La raison principale est la conviction que la production volontaire d'êtres humains, génétiquement identiques, porterait atteinte à la dignité et à l'intégrité des êtres humains, perçus à la fois comme individus et comme membres de l'espèce humaine. »

Beaucoup s'accordent à ne pas autoriser le clonage reproductif (deux bébés jumeaux dans leur appareil génétique) mais le clonage thérapeutique reste en débat. Ce clonage permettrait de reproduire du matériel cellulaire vivant pouvant aller jusqu'au remplacement d'un organe détruit. Certaines thérapies, comme la thérapie génique, sont aussi possibles sur un public né avec une altération génétique. Cette thérapie permet d'introduire un matériel génétique dans les cellules pour soigner une maladie liée à un gène défectueux. Cette technique est une révolution pour beaucoup de maladies génétiques et des traitements sont déjà disponibles sur le marché français.

À l'heure actuelle, cette technique est utilisée pour soigner des maladies graves, mais ces pratiques peuvent être utilisées à mauvais escient, pouvant influencer le « cours de l'évolution par des manipulations sélectives opérées sur les traits qu'ils veulent donner aux enfants ou les capacités qu'ils veulent renforcer chez eux. […] cette forme insidieuse de génie génétique bafoue les droits fondamentaux des individus ainsi construits. » (L'UNESCO).

DON ET GREFFE D'ORGANES ET DE CELLULES

En France, le don d'organes, de tissus, de moelle osseuse, de gamètes et du sang de cordon sont régis par les lois de bioéthique et reposent sur trois grands principes :

- **Le « consentement présumé » :** nous sommes tous donneurs d'organes et de tissus, sauf si nous avons exprimé de notre vivant notre refus de donner. La notification du refus peut être faite, soit en informant ses proches par écrit ou oralement, soit en s'inscrivant sur le registre national des refus.
- **La gratuité :** la loi interdit toute rémunération en contrepartie d'un don humain.
- **L'anonymat :** les noms du donneur et du receveur ne peuvent pas être communiqués.

Mais à l'heure actuelle, le débat est toujours de mise sur la prise en compte de l'avis du défunt. En 2017, 24 000 personnes étaient en attente d'une transplantation, 6 100 personnes ont été greffées et entre 500 et 600 personnes sont décédées faute de greffe. La question se pose alors de la propriété corporelle après la mort et du don

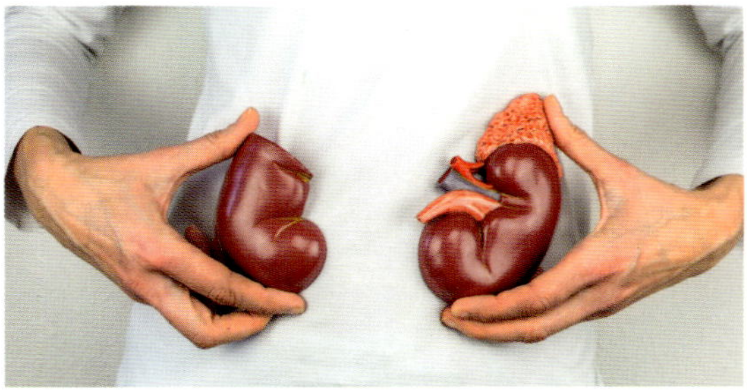

ou du prélèvement pour sauver une vie. En effet, si une personne vivante nécessite une greffe pour vivre, est-ce que le donneur, n'étant plus vivant, peut décider de ne pas faire don de ses organes ? De plus, le médecin peut-il prélever le défunt, ce dernier ne pouvant plus donner son consentement, sans tenir compte de l'avis de la famille ? Dans la greffe, on retrouve aussi un débat sur la greffe artificielle.

La recherche tend à suppléer les défaillances viscérales du corps humain par la greffe d'organes artificiels, mais comme pour les autres avancées technologiques, une réglementation est nécessaire afin d'éviter des débordements.

LES DATES CLÉS DE LA BIOÉTHIQUE

EN FRANCE

➟ En 1983

Création du Comité consultatif national d'éthique (CCNE) pour les sciences de la vie et de la santé.

➟ En 1988

Loi Huriet-Sérusclat, venue combler un vide juridique et offrir un cadre aux recherches biomédicales suite à la déclaration d'Helsinki (création notamment des CCPPRB « comité consultatif de protection des personnes dans la recherche biomédicale ») afin de garantir l'application des règles d'éthique, de sécurité et de consentement des volontaires dans les recherches biomédicales).

➟ En 1994

Les lois relatives à la bioéthique sont adoptées. Lois complétées et actualisées en 2004 (interdiction du clonage et de la recherche sur les embryons, sauf dérogation).

➟ En 1995

Nouveau code déontologique : adapter le code aux nouvelles lois de bioéthique et à la recherche biomédicale.

➟ En 2004

Création de l'Agence de la biomédecine (ABM) remplaçant l'Établissement Français des Greffes.

Interdiction de clonage faisant suite aux lois de 1994 et à la convention d'Oviedo.

Remplacement des CCPPRB (avis consultatif) par des CPP (comité de protection des personnes) où leur avis favorable est nécessaire pour autoriser une recherche biomédicale.

➟ En 2005

La loi Claeys-Léonetti : loi relative aux droits des malades et à la fin de vie.

➟ En 2011

Processus de révision des lois modifié avec l'obligation d'organiser un débat public tous les 7 ans maximum. Modification de la loi bioéthique et de l'accessibilité à la PMA (procréation médicalement assistée).

➟ En 2013

Révision de la loi de 2011 sur l'encadrement de la recherche sur les embryons.

➟ En 2018

À la suite de la loi de 2011, lancement des États généraux de la bioéthique entraînant la présentation d'un projet de loi en Conseil des ministres en 2019, suivie d'un débat parlementaire.

➟ En 2020

Ouverture de la PMA pour toutes.

DANS LE MONDE

➟ En 1947 *(Europe)*

Création du code de Nuremberg.

➟ En 1964 *(Europe)*

Déclaration d'Helsinki dans le prolongement du code de Nuremberg.

➟ Dans les années 1970 *(États-Unis)*

Les premiers comités d'évaluation indépendants des projets de recherche sont mis en place dans les hôpitaux américains et des centres de recherche et de formation en bioéthique sont créés.

➟ En 1978 *(États-Unis)*

Le rapport Belmont formule les principes centraux de la bioéthique actuelle : le respect de la personne, la bienfaisance et la justice.

➟ En 1993 *(Europe)*

Comité international de bioéthique (CIB) créé à l'UNESCO et qui adopte trois déclarations :

1. Déclaration universelle sur le génome humain et les droits de l'homme en 1997.
2. Déclaration internationale sur les données génétiques humaines en 2003.
3. Déclaration universelle sur la bioéthique et les droits de l'homme en 2005.

➟ En 1997 *(Europe)*

Convention sur les droits de l'homme et la biomédecine, dite convention d'Oviedo, est adoptée sous l'égide du Conseil de l'Europe et ratifiée par la France en 2011.

L'EMBRYOLOGIE

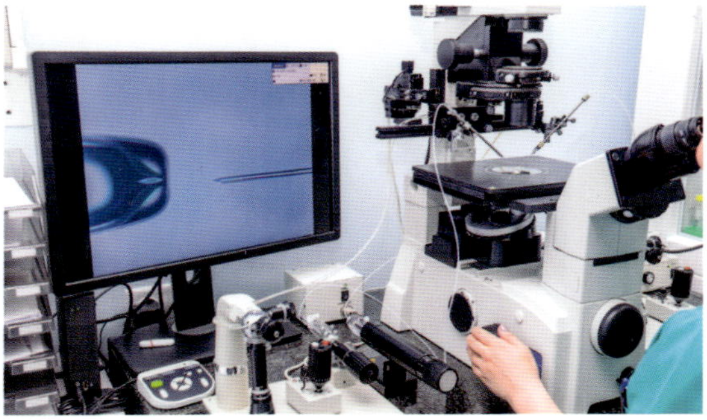

La recherche sur l'embryon est un domaine extrêmement surveillé et n'est accordée que sur autorisation. En France, la recherche sur les embryons s'exerce sur les embryons surnuméraires (en plus) conçus lors d'une fécondation *in vitro*. Ces derniers sont donnés à la recherche avec le consentement libre et éclairé des parents. Cette recherche a pour but principal de trouver des réponses à l'infertilité. En revanche, l'implantation d'embryons transgéniques (leur ADN est modifié) ou chimériques (cellule embryonnaire portant 2 ADN différents) est interdite par la loi bioéthique.

En France, les tests génétiques sur les embryons sont autorisés pour certaines anomalies héréditaires graves comme la maladie de Huntington ou la mucoviscidose. Se pose alors la question de la sélection embryonnaire avant la fécondation *in vitro* (FIV) et le dépistage embryonnaire des maladies : est-il éthique de choisir qui a le droit de vivre ou non selon un critère précis ?

De plus, afin de soigner les embryons et de les rendre plus viables, le don de mitochondries (organites d'une cellule produisant de l'énergie) est également envisageable. Mais si la mitochondrie vient d'une personne, l'ovule d'une autre et le spermatozoïde d'une troisième, quelle est la conséquence pour l'enfant d'avoir trois donneurs, trois parents ?

Enfin, un dernier débat divise : le bébé médicament, le double diagnostic préimplantatoire avec typage HLA ou DPI-HLA (exploration du complexe majeur d'histocompatibilité). Le bébé médicament repose sur une sélection embryonnaire afin que le bébé soit le plus compatible avec son frère ou sa sœur. Cet enfant permettra de guérir, de soigner son frère ou sa sœur, atteint d'une maladie incurable grave entraînant le décès (de l'enfant) dès les premières années de la vie. En 2019, l'interdiction de réaliser cette technique a été votée, et ce fut en partie due au progrès dans le domaine du don de sang de cordon qui apporte une réponse à certaines de ces maladies.

LA GÉNÉTIQUE HUMAINE

La modification génétique est une prouesse et une avancée dans le monde de la science et du médical. Mais il a été important d'en fixer les règles éthiques rapidement pour éviter les débordements. Ces modifications génétiques peuvent être faites à tous les stades de la vie et notamment sur les embryons. En 2020, l'Assemblée nationale et le Sénat ont un avis divergent sur la modification génétique des embryons humains. En effet, le 5 février 2020, l'Assemblée nationale, en 1re lecture, autorise cette pratique. Elle fut ensuite interdite par le Sénat. Le 31 juillet 2020, une seconde lecture est faite à l'Assemblée nationale pour revenir sur l'interdiction mise en place par le Sénat, et l'article 17 du projet de loi sur la modification génétique a de nouveau été réintégré. Ces modifications génétiques créent alors deux camps dans le monde scientifique et font débat. Avec ces techniques, nous pouvons amener un enfant à naître sans telle ou telle mutation génétique, et de ce fait, éviter certaines maladies, ou handicaps très lourds, parfois létales.

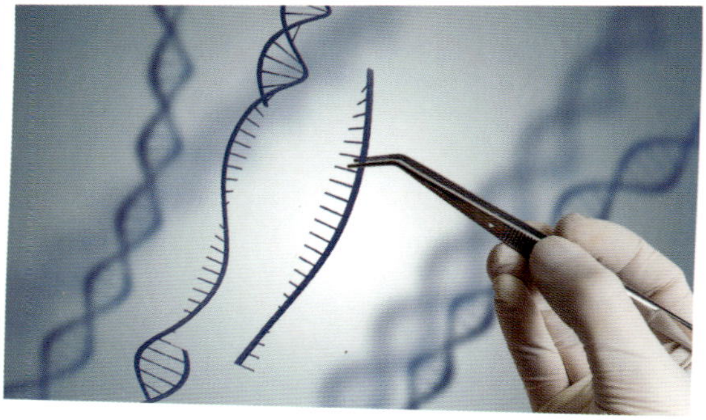

➡ À savoir : la bioéthique est un domaine en constante évolution et qui permet de fixer des [illegible] entre le progrès scientifique et la dignité humaine. Les sujets de débat bioéthique sont cla[illegible] de biomédecine en 4 domaines que l'on vient de voir. Mais d'autres débats de [illegible] comme le droit à l'aide au suicide assisté (euthanasie), la gestion de la pand[illegible] sanitaire ou encore l'évolution de l'intelligence artificielle.

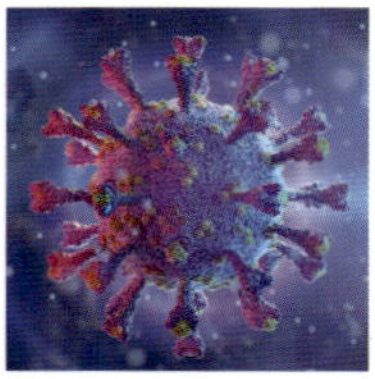

Lors de la crise pandémique de Covid-19, la situation était inédite et nécessitait des décisions rapides. Des experts en bioéthique ont alors été missionnés pour appuyer les positions prises par les dirigeants. Chaque proposition a été étudiée par un comité d'éthique afin de ne pas bafouer les lois éthiques et les droits de l'Homme. L'intelligence artificielle (IA) est considérée comme la technologie la plus innovante et futuriste. Mais les scientifiques et professionnels de santé restent sceptiques sur son utilisation pour différentes raisons :

- Lors d'un cas d'usage, si l'IA ne réagit pas comme il le faudrait, les conséquences peuvent être désastreuses.
- Mais ces conséquences sont-elles dû à l'IA ou à l'homme qui l'a créée sachant qu'une intelligence artificielle ne peut légalement pas être tenue responsable n'étant pas un être vivant à proprement parler.
- L'humain a un libre arbitre dont l'IA n'est pas dotée. Si des émotions et une conscience sont enseignées à l'IA, on ne connaît pas les conséquences que cela peut avoir sur son développement.
- Le propre de l'intelligence artificielle est d'apprendre par elle-même et de devenir autonome, or on ne connaît pas les conséquences de l'autonomie d'une technologie et surtout jusqu'à où elle peut aller.
- Ces considérations justifient un encadrement éthique permanent d'autant plus que l'IA est actuellement en France un choix technologique prioritaire dans le domaine de la santé. Ainsi, la masse de données centralisées et anonymisées de l'Assurance Maladie (big data) est mise à la disposition internationale des équipes de chercheurs.

Pour la fin de vie, plusieurs possibilités sont mises en avant :

- **La sédation :** le but est de diminuer ou de faire disparaître une situation vécue comme insupportable par le patient, au moyen de médicaments visant à diminuer la conscience. Elle peut être appliquée de manière transitoire, intermittente ou profonde et continue. Ce n'est pas la sédation qui conduit au décès du malade, mais l'évolution de la maladie.
- **L'euthanasie :** c'est un acte médical consistant à provoquer intentionnellement la mort d'un patient afin de soulager ses souffrances physiques ou morales considérées comme insupportables, soit en agissant à cette fin (euthanasie active), soit en s'abstenant d'agir (euthanasie passive).
- **Le suicide assisté :** il consiste, pour le corps médical, à donner aux patients les moyens de mettre lui-même fin à sa vie.

En France, seule la sédation est autorisée : la différence entre la sédation, l'euthanasie et le suicide assisté est précisée. En effet, lors de la sédation, l'intention est de diminuer la conscience, principalement pour que la personne ne souffre pas. Pour l'euthanasie et le suicide assisté, l'intention de donner la mort est présente et donc interdite par les lois françaises même si le patient en fait expressément la demande.

Compte tenu de la forte demande sociétale et des évolutions internationales, ces lois sont amenées à évoluer.

➡ Conclusion : la richesse de la réflexion bioéthique montre l'importance de ce sujet dans la société. En liaison étroite avec les rapides progrès technologiques, elle implique une approche pluridisciplinaire et une évolution législative permanente.

ISBN 978-2-38148-107-4
9 782381 481074

Texte : Audessa Chéron - Photographies : Shutterstock, Bridgeman
Dépôt légal : 2e trimestre 2024
PRINTED IN FRANCE